In Erinnerung an 2006

Philip Reisberger, 1979 in Lübeck geboren, studierte Internationale Betriebswirtschaftslehre an der European Business School (EBS) in Oestrich-Winkel. Im Rahmen des Studiums verbrachte er einige Zeit in Hong Kong und Amerika. Seit Ende 2005 promoviert er zusammen mit seinem Zwillingsbruder im Bereich Wirtschaftsin-formatik. Nach dem Tod seiner Eltern lebt und arbeitet er heute in Ahrensburg bei Hamburg.

Philip Reisberger

Vom Hoffen, Wünschen und Erwarten

Erzählungen

Bibliografische Informationen der Deutschen Bibliothek: Die Deutsche Bibliothek verzeichnet diese
Publikation in der Deutschen Nationalbibliografie,
detaillierte bibliografische Daten sind im Internet unter
<http://dnb.d-nb.de> abrufbar.

Umschlagillustration: Hilde Krüger

Herstellung und Verlag:
Books on Demand GmbH, Norderstedt

ISBN 9-783837-016147

Carla und Hamburg

Als ich mich auf den Weg machte

Gestern habe ich meine Frau verlassen, um mich umzubringen. Ich habe meine Sachen gepackt und bin losgefahren. Sie hat mein Verhalten nicht verstanden. Ich habe es ihr auch nicht erklärt. Bin einfach abgehauen. Und das nach neun Jahren glücklicher und zufriedener Ehe. Habe ihr nur gesagt, dass ich gehen müsse.

Anfangs dachte sie, ich mache einen Witz. Doch als sie begriff, dass ich den Satz ernst meinte, flehte sie mich mit weinerlicher Stimme an doch zu bleiben. Wir sollten über alles reden, es nicht einfach so wegwerfen. Und als ich auch darauf nicht reagierte, wurde sie schließlich ausfallend. Schön, solle ich doch verschwinden, abhauen und bloß nicht wiederkommen. Am besten wäre es, wenn ich mich gleich umbrächte. Und genau das hatte ich vor, auch wenn ich ihr davon nichts erzählte.

Bin in den Wagen gestiegen, die Auffahrt heruntergefahren und in Richtung Hauptbahnhof eingelenkt. Dort habe ich dann das Auto abgestellt und bin per Zug weiter.

Tja, wusste anfangs gar nicht wohin ich sollte. Welche Stadt eignete sich denn am Besten für einen Selbstmord? Ich kam zu keinem Ergebnis und meine Mitmenschen konnte ich ja wohl kaum nach ihrer Meinung fragen. Entschied mich also einen Zielort zu wählen, der mir selbst zusagte. Wollte eigentlich München nehmen, doch erinnerte ich mich in letzter Minute daran, dass ich wirklich kein Freund des bayrischen Dialekts war. Also fiel die Wahl dann endgültig auf die schöne norddeutsche Stadt Hamburg. Sie hatte alles was man sich für einen solchen Abschied wünschte. Sie war gepflegt, kultiviert, hatte Charakter, mit der Alster einen wahrhaft schönen Innenstadtbereich und vor allem eine große Auswahl an noblen Hotels in bester Lage. Ich dachte mir, wenn ich schon von dieser Welt trete, dann doch bitte mit Stil.

So löste ich ein Ticket zweiter Klasse für die Hansestadt. Ich wählte die zweite Klasse, da ich den harten Ledersitzen der ersten Klasse nicht viel abgewinnen konnte. Aber die eingesessenen Stoffsitze der zweiten als gerade zu einladend empfand. Die Fahrt würde etwa drei Stunden dauern.

Im Norden angekommen, rief ich mir ein Taxi zu einem dieser edlen Hotels direkt an der Alster. Es war, wie gesagt, eine schöne Stadt. Eine kühle, aber dennoch schöne Stadt. Viel grüner als ich sie in Erinnerung hatte.

Während der Fahrt zum Hotel begann es zu regnen. Nur ein paar Tropfen. Etwas Regen, um mein Gemüt zu verdunkeln. Doch waren für mich in diesem Moment die Wolken am Himmel das einzig Dunkle. Ich fühlte mich gut, auch wenn mir bewusst war, dass ich diese Stadt nicht mehr lebend verlassen würde.

Mit diesem Gedanken konnte ich mich aber durchaus anfreunden. Umbringen wollte ich mich ja sowieso und Hamburg bot mir dazu den passenden Rahmen.

Als ich sie traf

In der Eingangshalle des Hotels stand ich direkt hinter ihr. Sie war wunderschön, hatte goldblondes, langes Haar und ein Lächeln, das mich in dem Moment verzauberte, in dem es mich traf.

Es war viel los in dem großen Hotel, viel los in ganz Hamburg. Deutlich mehr als nur das übliche emsige Treiben der Hansestädter. Viele kamen wegen der Messe, die morgen anfangen würde. Ich war deswegen nicht hier. Aber sie vielleicht. Wir warteten in der Schlange zum Check-In und kamen nur langsam voran. Doch das störte mich nicht. So konnte ich sie wenigstens noch etwas genießen.

Sie bekam ein Zimmer im siebten Stock. Ich auch. Zufällig direkt neben ihr. Die Zimmer würden aber erst in 20 Minuten fertig geputzt sein. Solange konnten wir auf Kosten des Hauses einen Drink an der Hotelbar zu uns nehmen. Wir folgten dem Angebot auch umgehend. Ich bestellte einen Gin Tonic. Sie einen Rotwein – französisch. Obgleich sie mich faszinierte, traute ich mich nicht sie anzusprechen. Wir tranken ohne ein Wort miteinander zu wechseln. Sie lächelte manchmal zu mir herüber. Ich war aber zu schüchtern, um mit mehr als nur einem Lächeln zu antworten. Auch als die Zimmer bereit waren und wir zusammen im Fahrstuhl in den siebten Stock fuhren, sprachen wir nicht miteinander.

Unsere Hände berührten sich eher zufällig, als wir beide gleichzeitig die Taste mit der Sieben drücken wollten. Und erneut erschien ihr bezauberndes Lächeln. Erst als wir beide nebeneinander die Türen zu unseren Zimmern aufschlossen, wünschte ich ihr eine angenehme Nacht. Und wieder – sie lächelte. Etwas schüchtern. Und sagte, dass sie nach diesem anstrengenden Tag etwas Schlaf gut gebrauchen könnte. Darauf verabschiedete sie sich und verschwand durch die Tür.

Ich war verzaubert. Stand vor meiner offenen Zimmertür und wünschte, dass wir doch in dasselbe Zimmer gegangen wären.

Ich legte mich aufs Bett, zog die Schuhe aus und betrachtete die Zimmerdecke. Wo sollte ich mich eigentlich umbringen? Aus dem Fenster hinunter auf die Straße springen? Wohlmöglich landete ich so noch auf einem Auto und verletzte gar die Insassen. Nein, so etwas kam für mich nicht in Frage! Zudem war ich auch nicht schwindelfrei. Oder ich könnte ja den Fön mit in die Badewanne nehmen. Hatte aber gehört, dass die meisten Hotels für solche Fälle besondere Sicherungen in ihren Bädern installiert haben. Im wahrsten Sinne todsicher war dann wohl nur noch das schon fast klassische Aufschneiden der Pulsadern. Und dabei war zu beachten, dass längs und nicht quer zur Vene geschnitten wurde. Sonst dauerte das Verbluten einfach zu lange. Doch heute würde ich mich nicht umbringen. Heute würde ich fernsehen und an die wunderbare Frau im Zimmer direkt neben mir denken. Sie hatte mich regelrecht verzaubert.

Ich schaute einen alten Liebesfilm der 60er Jahre. Und hörte, dass sie dasselbe Programm wie ich an hatte. Der Film war nicht besonders gut, aber er war romantisch und genau so fühlte ich mich in diesem Moment. Romantisch und einsam.
Beschloss ein paar Eiswürfel von dem Gerät auf dem Flur zu holen. Als ich zurückging, kam sie mir entgegen. Auch in Richtung Eisspender. War es nur Zufall? Das mochte ich

nicht glauben. Ich grüßte, sie auch. Ich wollte nicht weitergehen. Ich wollte mit ihr reden. Hielt also inne, ohne zu wissen was ich nun sagen sollte. Sie auch. So standen wir im Korridor dieses großen, noblen Hotels, hatten Becher für Eiswürfel in den Händen und waren beide schon bettfertig.

Wir schwiegen. Und verstanden uns doch. Schließlich sagte ich noch etwas. Ich erzählte ihr von dem Film, den ich gerade sah. Sie stimmte mir zu und erwähnte, dass sie die kitschigen Liebesfilme der 60er Jahre besonders gerne mochte. Ich wusste nicht, ob das die Wahrheit war, oder sie das nur sagte, um die peinliche Stille zu überbrücken. Ich mochte den Film nicht. Aber das war auch nicht wichtig.

Beim Verabschieden schlug sie mir vor, falls wir beide später nicht schlafen könnten, uns doch noch weiter auf dem Gang zu unterhalten. Ich willigte ein. Sehr gerne.

Als ich sie kennen lernte

Ich schloss die Tür hinter mir. Stellte den
Eisbecher ab und setzte mich auf das Bett. Der
Fernseher lief noch immer. Ich schaute das
Programm, doch folgte ich ihm nicht wirklich.
Es war im Moment auch nicht von Bedeutung.
Wieso war sie eben da draußen auf dem Gang?
Wieso holte sie zur selben Zeit wie ich Eis?
Ich stand auf und ging zu der Verbindungstür
zwischen unseren Räumen. Hielt mein Ohr an
die dünne Holztür. Ich hörte ihren Film. Es lief
noch immer derselbe. Aber ich hörte sie nicht.
Doch stellte ich sie mir vor. Wie sie auf ihrem
Bett saß. Eingekuschelt in die warme Decke.
Vielleicht ein Glas Wein an ihrer Seite.
Ich drehte mich um und ging zum Bett zurück.
Sah in den Spiegel gegenüber. Das war ich
also. Erinnerte mich an früher. Hatte so viel
vor. Wollte so viel erreichen. Träumte von
Erfüllung und Geld. Von einem Leben. Und
hier war ich jetzt. Nichts war geblieben. Ich

war leer wie die Flasche Wein neben mir. Erinnerte mich an meine Frau, meine Familie. Sah ihre Gesichter vor mir. Warum verabschiedete ich mich von ihnen? Hatte meine Frau Recht? Hätte man doch noch über alles reden können? Machte es noch Sinn Gefühle zu verfolgen, die nicht mehr existierten? Die nicht mehr da waren, nicht mehr wiederkamen?

Ich war schon lange alleine. Hatte mich von meiner Familie, meinen Freunden entfernt. Wollte mich auch deswegen umbringen, weil ich meine Ziele nicht mehr erreichen würde, der Welt nichts mehr beisteuern könnte. Mein Ableben keinen großen Verlust darstellte.

Nach einiger Zeit schlief ich ein. Träumte wirr und ohne Zusammenhang. Und als ich aufwachte, hatte ich meine Kleidung noch an. Es war noch sehr früh, aber draußen bereits hell. Der Fernseher lief noch. Ich machte ihn aus. Schaute mich um, orientierungslos. Brauchte etwas, um mich zu Recht zu finden. Erinnerte mich an den gestrigen Tag. Und an meine Absicht aus dem Leben zu treten. Und auch an sie.

Würde ich sie noch einmal sehen? Ihr noch einmal begegnen? Oder war es zu spät und sie war bereits weg? Hatte sie das Hotel schon verlassen? Ich hoffte nicht.

Ich hörte eine Tür zuschlagen. Lief schnell zu meiner Zimmertür und schaute durch den Spion. Sah sie im Gang. War also noch nicht weg. Ohne Gepäck. Und würde wiederkommen. Ein paar Tage länger bleiben. Das erleichterte mich. Ich würde mich nicht umbringen, bevor ich sie nicht wenigstens ein weiteres Mal gesehen hatte. Ha, und kannte dabei noch nicht einmal ihren Namen.

Ich machte mich fertig. Duschte und zog neue Kleidung an. Verließ mein Zimmer. Ja, ich wollte ausgiebig Frühstücken. Ich liebte diese amerikanischen Waffeln und Rührei mit Speck.

In der Lobby angekommen, bog ich in Richtung Frühstücksbuffet ein und erblickte sie erneut. Sie war alleine an einem der vielen Tische. Hatte Toast und Marmelade auf dem Teller vor sich. Ich mochte beides. Doch lieber war sie mir. Ihr blondes Haar war offen, ihr dunkler Hosenanzug saß perfekt und auch dieses Mal traf mich ihr Lächeln genau ins Herz.

Ich wurde nervös. Was sollte ich tun? Mich zu ihr setzen oder etwas weniger aufdringlich mit einem anderen Tisch vorlieb nehmen? Nahm all meinen Mut zusammen und ging auf sie zu. Was hatte ich denn schon zu verlieren? In ein paar Stunden oder Tagen würde ich ja nicht einmal mehr auf dieser Erde existieren. Dann konnte ich doch wenigstens etwas Initiative zeigen.

Fragte sie, ob an ihrem Tisch noch Platz sei. Sie lächelte wieder. Machte eine einladende Bewegung und nickte. Ja! Wagemut wurde umgehend belohnt.

Da ich ihren Namen noch nicht kannte, stellte ich mich erst einmal vor. Worauf sie dasselbe tat. Carla war ihr Name und sie besuchte Norddeutschland für eine internationale Messe, die heute begann. Hatte ich mir schon gedacht. Gut so, dann würde sie noch ein paar Tage länger hier verweilen. Auf die Frage, was ich in Hamburg machte, stockte ich etwas. Konnte ihr ja wohl kaum sagen, dass ich diese Stadt eher zufällig wählte, um hier in angenehmer Umgebung freiwillig aus dem Leben zu treten. Fing mich aber schnell wieder und erzählte ihr, dass ich wegen der Sehenswürdigkeiten hier sei. Sie glaubte es mir.

Wir redeten noch etwas bis sie los musste. Ich verabschiedete mich mit dem Versprechen, dass wir uns spätestens beim Eisholen wieder sehen würden. Sie lächelte wieder und gab mir höflich die Hand zum Abschied. Sie freute sich schon auf den Film heute Abend. Aber dass ich ihr doch bitte auch ein paar Eiswürfel übrig lassen solle. Ich versicherte es ihr.

Als ich zweifelte

Carla war also ihr Name. Ein kurzer, einfacher, prägnanter, aber schöner Name. Ein Name, den ich bestimmt nicht so schnell vergessen würde.

Am Vormittag nahm ich den Bus und klapperte einige von Hamburgs Sehenswürdigkeiten ab. Besuchte den Michel, die Landungsbrücken, den Freihafen samt Köhlbrandbrücke und auch über den Kiez fuhr ich. Der Portier im Hotel riet mir, die Reeperbahn bei einer Sightseeingtour bloß nicht auszulassen. Und das tat ich dann auch nicht. Leichte Damen schon am Vormittag an den Straßen und nebenan Fastfood. Ja, und eine Straße weiter Theater und Musical. Ich persönlich fand diese eigenwillige Kombination an Herzensfreuden schon etwas skurril. Aber durchaus interessant. Nach ein paar Stunden traf ich wieder in meinem Hotel ein. Ich war kaputt und auch etwas müde. Beschloss auf mein Zimmer zu gehen.

Hatte Hunger, doch wollte ich bis zum Abend warten. Vielleicht würde es sich ja ergeben etwas zusammen mit Carla zu essen. Stunden später stellte sich heraus, dass ich vergebens gewartet hatte. Sie kam nicht. Ich hörte keine Tür, nichts. Also bediente ich mich an der Minibar. Fast sämtliche Süßigkeiten und auch etwas des Hochprozentigen mussten dran glauben. Das war zwar kein billiges Vergnügen, aber wen interessierte das schon. Ich würde weder Zimmer noch Minibar bezahlen können, da ich mich vorher umgebracht haben werde. Auf Basis dieser Argumentation entschied ich mich, mir auch einen dieser Pay-TV-Filme anzuschauen. Nichts obszönes, dafür war ich nicht in der Stimmung. Sah mir einen Zeichentrickfilm für Kinder an. Folgte ihm aber nur beiläufig. Dachte an mich und an meine Zimmernachbarin. Sie würde nicht mit mir essen. Ich sie nicht mehr wieder sehen. Ja, nicht einmal das konnte ich.

Und was war schon Besonderes an ihr? Ich machte mir Hoffnungen. Völlig belanglos. Ich war letztendlich hier, um meinem Leben ein Ende zu bereiten. Und nicht, um einen Flirt oder gar eine neue Beziehung anzufangen. Wenn ich das wollte, dann hätte ich auch bei meiner Frau bleiben können. Nein, Schluss mit dem sentimentalen Unsinn. Ich besann mich auf die Realität. Und die sah im Moment recht düster aus.

Ich fühlte mich nicht gut, hatte schon einige Drinks aus der Minibar intus und rief mir gerade ins Gedächtnis, weshalb ich nach Hamburg gekommen war.

So begab ich mich in das Badezimmer neben der Tür zum Flur. Dort angekommen, starrte ich lange in den Spiegel. Musste mich am Beckenrand festhalten, da sich aufgrund des verstärkten Alkoholkonsums meine Welt schon leicht drehte. Da war ich also. Schrecklich sah ich aus. Egal. Tote sehen meist nicht gut aus. Und schließlich war ich ja schon fast tot. Musste mir nur noch genau überlegen, wie ich es anstellen sollte. Also entweder schnitt ich mir die Pulsadern auf oder ich badete mit dem Fön. Hoffte nur, dass es keine extra Sicherung für den Haartrockner gab. Und falls doch, so hatte ich ja noch immer die Option mit den Rasierklingen. Ließ also das Badewasser laufen.

Wartete etwas. Und stellte mich dann samt Klamotten in die Badewanne. Den Fön in meiner linken Hand, war ja Linkshänder. Bereit. Zögerte. Dachte nach. Dachte an meine Familie, meinen Beruf, meine Freunde. Ja, und auch ihr Bild erschien vor meinem geistigen Auge. Ob es ein großer Schock für sie wäre, wenn ich mich umbringen würde?

Ich war bereit es zu tun. Und doch zögerte ich. Der Tod war ja etwas wirklich Endgültiges. Hätte ich vielleicht noch einen Abschiedsbrief schreiben sollen? Nein, ich hatte nichts mehr zu sagen. Ich war bereit, und zögerte doch…

Da klopfte es an meiner Tür. So spät noch? Das war bestimmt nicht der Zimmerservice. Es klopfte wieder. Was sollte ich tun? Es endlich hinter mich bringen und den Fön fallen lassen? Oder zur Tür gehen und hoffen, sie dort anzutreffen? Und es klopfte ein drittes Mal.

Ich stieg aus der Wanne und legte den Fön beiseite. Frei nach der Redewendung: aufgeschoben ist ja nicht aufgehoben. Eilte mit nass triefender Hose in Richtung Tür und öffnete diese. Da stand sie vor mir. Im vornehmen Abendkleid. Leicht irritiert, aber dennoch sichtlich erfreut.

Sie kam gerade vom Essen und wollte fragen, ob ich noch auf einen Drink mit an die Hotelbar käme? Und wieso denn meine Hose so nass sei?

Ich schaute sie nur an. Nicht im Stande etwas zu sagen. Verwundert, aber hochgradig erfreut über ihr Angebot. Schließlich nickte ich, willigte ein. In 15 Minuten an der Bar. Das gab mir ausreichend Zeit, mich umzuziehen. Eine

Antwort auf ihre letzte Frage blieb ich ihr schuldig.

Nachdem ich die Tür wieder geschlossen hatte, zog ich mich um. Meine Hose war schließlich noch immer klitschnass. Ich hängte sie samt Socken über die Dusche und suchte mir etwas Neues zum Anziehen. Ich freute mich. Hatte ich doch gehofft sie wieder zu sehen. Welch ein Glück, dass ich ein paar Minuten vorher den Fön nicht fallen gelassen hatte. Dann hätte sie wohl umsonst geklingelt. Als ich hinab zur Bar fuhr spielte im Fahrstuhl das Lied „Somebody Saved My Life Tonight" von Elton John. Welche Ironie.

Als wir Zeit miteinander verbrachten

An der Hotelbar angekommen, bemerkte ich, dass auch sie sich umgezogen hatte. Sie trug ein am Rücken weit ausgeschnittenes Kleid. Dunkel und elegant. Und mit weit meine ich wirklich weit. Ich konnte erahnen, dass darunter auch nicht mehr der geringste Platz für Unterwäsche blieb. Nicht, dass mich das störte. Nur fühlte ich mich etwas underdressed. Ihren Blicken nach zu urteilen, beeinträchtigte das aber in keinster Weise ihre Freude mich zu sehen.

Wir setzten uns in eine kleine gemütliche Ecke. Sie bestellte wieder ihren Rotwein und ich meinen Gin Tonic. Wir kamen gleich ins Gespräch. Waren uns sympathisch. Ja und ich bemerkte, dass ich auch jenseits ihrer physikalischen Erscheinung gefallen an ihr fand. Sie war gewitzt, charmant und hatte Charakter. War gebildet und höflich. Sie ließ mich ausreden, hörte mir zu. Und ich hatte den Eindruck, dass sie wirklich an dem interessiert war, was ich zu sagen hatte. So vergingen die Stunden, gepaart mit etlichen Gläsern Wein und Gin. Blieben stets bei dem gleichen Getränk, da wir Kopfschmerzen vermeiden wollten. Nebenbei erfuhr ich, dass sie auch am folgenden Tage zur Messe müsse, um Kundenkontakte zu pflegen. Ich war nur froh, dass sie im Augenblick meinen Kontakt pflegte. Wir redeten, machten gegenseitig Komplimente, lernten uns allmählich kennen. Ich log bei dem Teil der eigenen Familie und sie wahrscheinlich bei ihrem Alter.

Und dann schloss die Bar. So spät schon? Die Zeit musste ja im Flug vergangen sein. Also zahlte ich, lud sie ein, und wir machten uns auf den Weg zum Fahrstuhl. Stützten uns dabei gegenseitig, da der Alkohol wohl doch stärker wirkte, als wir es zu Anfang erwartet hatten. Stellte fest, dass ich längst nicht mehr so trinkfest wie früher war. Heil oben angekommen, schlenderten wir gemächlich in Richtung unserer Zimmer. Langsam und von einer Wand zu anderen. Mittlerweile Arm in Arm.

Wo das wohl hinführte. Ich beschloss, in diesem Augenblick nicht zu denken, sondern einfach zu erleben. Auch meine Gedanken bezüglich des Mordes an mir selbst waren weit weg. Musste mich sowieso fest darauf konzentrieren, einigermaßen das Gleichgewicht zu halten. An der Tür angekommen, sah sie mir in die Augen. Schielte etwas und küsste mich. Ja, sie küsste mich.

Sie lehnte an ihrer geschlossenen Zimmertür. Ich vor ihr. Meine Hände ruhten auf ihrer Hüfte. Langsam kamen wir uns näher. Wie ein Vogel, der seine Deckung verlässt, um einen der Brotkrumen zu erwischen, die man ihm hingeworfen hatte. Langsam aber doch beharrlich. Das Ziel vor Augen. Wir waren fest umschlungen. Meine Arme drückten ihren zarten Körper fest an mich. Ich würde sie nicht mehr loslassen.

Wir waren uns nah. Als sich unsere Lippen endlich trafen, erlebte ich fast ein Gefühl der Erleichterung. Nur aber um einem viel intensiveren Kribbeln zu weichen, dass im Inneren begann und sich schnell ausbreitete, bis es meine Arme, Finger und Beine einnahm. Ich war unruhig, gespannt und willens jede Sekunde zu genießen. Sie vollkommen zu erleben. Sie zu fühlen, zu riechen, zu schmecken.

Und ihr erging es nicht anders. Kaum war ihre Tür aufgeschlossen, fanden wir den Weg zum Bett. Ihr Kleid war schnell ausgezogen. Mein Hemd und meine Hose leisteten auch kaum Widerstand. Wir liebten uns. Wir gingen ineinander auf. Wir erlebten einander.

Die Nacht verging, ohne dass wir Schlaf fanden. Der Tag brach an, ohne dass wir müde wurden. Erst als die Sonne langsam ihre ersten Strahlen durch die Gardinen des breiten Fensters schickte, kuschelten wir uns eng unter die Decke und lauschten dem wiedererwachten Treiben auf Hamburgs Straßen. Wir sprachen nicht, sagten nichts. Erschöpft lag ihr nackter Körper an meiner Seite. Sie hatte sich fest an mich geschmiegt, Geborgenheit suchend. Ich strich mit meinen Fingern über ihre zarte Haut. Unsere Bewegungen zeigten ein Bild der Vertrautheit, der Zuneigung. Verschwunden war jene zögernde, schüchternde Körperhaltung, mit der sie normalerweise allem Fremden begegnete. Gewichen einer Wärme und Nähe, die ich bei ihr nicht erwartet hätte. Die mich aber freute.

Acht Uhr. Sie müsste aufstehen. Die Messe besuchen, Kunden und Geschäftspartner treffen. Zum Glück entschied sie sich dann aber anders. Sie rief ihren Chef an und meldete sich für den Tag krank. Das war nicht gerade förderlich für ihre Karriere, aber gut für mich.

Wir machten uns fertig, frühstückten zusammen. Lernten uns mit jedem Satz besser kennen. Sie fragte mich nach meinem Beruf und erneut nach der Familie. Von meinem Beruf erzählte ich ihr ausführlich. Doch was meine Familie anbetraf, hielt ich es recht kurz, indem ich ihr die Wahrheit weiterhin verschwieg. Ich leugnete meine Frau und auch meine Tochter.

Sie hatte einen Sohn, der gerade auf die weiterführende Schule kam. Gymnasium, aber er müsste dafür etwas mehr tun, fleißiger arbeiten. Auch einen Mann hatte sie. Doch der war schon tot. Und das bereits seit einigen Jahren. Er starb bei einem Autounfall. Verblutete langsam. Beide Beine zerquetscht. Nicht schön.

Ich versuchte sie so bestürzt wie nur möglich anzusehen. Sprach ihr mein Beileid aus. Aber aufrichtig war das nicht. Ehrlich gesagt interessierte es mich gar nicht. Ja, eigentlich war es ganz gut, da sie somit auch nicht in einer Beziehung gefangen war.

Wieso machte ich mir eigentlich über so etwas Gedanken? Wollte ich mich nicht umbringen? Würde sie einen zweiten toten Mann überhaupt verkraften? Und sollte ich ihr das antun? Ich beschloss, den Selbstmord erneut etwas aufzuschieben. Wenigstens bis ich mir über diese Situation und auch über meine Gefühle vollständig im Klaren war.

Als sie abreiste

Wir verbrachten den ganzen Tag miteinander. Und auch die darauf folgende Nacht. Während dieser intensiven Zeit konnten wir kaum die Finger voneinander lassen. Wir liebten uns und lernten uns immer besser kennen.

So verbrachten wir auch das ganze Wochenende miteinander. Lange schlafen, spät aufstehen, ausgiebig frühstücken, dann Sightseeing in Hamburg, Abendessen, danach gemeinsam ins Bett. Es waren schon ein paar schöne Tage. Ja, die schönsten, die ich seit langem erlebt hatte. Nur das Ende dieser wunderbaren Zeit bereitete mir Unbehagen. Wie würde es mit uns weitergehen? Ich sprach sie darauf an und zu meiner Erleichterung plagten sie die gleichen Befürchtungen. Sie versicherte mir, dass sie mehr wollte als nur einen kurzen Flirt. Sie wollte unserer Liebe eine Chance geben. Mir ging es da nicht anders. Ich fand bei ihr Zuneigung, Liebe und Geborgenheit. In ihrer Gegenwart fühlte ich mich gut. Sie ließ mich meine dunklen Gedanken vergessen. Sie befreite meinen Geist. Mit ihr war ich stark. Umso mehr schmerzte mich der Gedanke an ihre bevorstehende Abreise. Wer würde sie dann halten, durch ihr goldenes Haar streichen, sie lieben?

Am Montag musste sie los. Das Hotel, das Zimmer, unser Zimmer und vor allem mich verlassen. Sie stand früh auf und packte ihren Koffer. Ich war zwar wach, doch rührte ich mich anfangs nicht. Hielt meine Augen fest geschlossen und hoffte wieder einzuschlafen. Den Traum der letzten Tage noch ein kleines Stück länger zu träumen. Doch das funktionierte so nicht. Ich war wach und sie würde in Kürze abreisen. Ich war nicht glücklich und ihrem Gesicht sah ich an, dass sie es auch nicht war. Sie wollte nicht gehen. Ich dachte an die gemeinsam verbrachten Stunden, Tage. Schöne Erinnerungen, die ein warmes Gefühl bei mir hinterließen.

Ich machte ihr den Vorschlag, sie zu besuchen. Sie schien erfreut. Gleich nächstes Wochenende. Ihre Adresse hatte ich bereits. Freitag bis Montag. In einer Woche. Ich würde sie besuchen. Zu Hause. Oder wieder hier in Hamburg. Sie meinte, ich solle sie anrufen, wenn ich mich danach fühlte. Sie würde sich freuen. Könnte aber auch verstehen, wenn ich erst einmal etwas Zeit bräuchte. Sie wäre da.

Eine Stunde später war sie weg. Hatte mich verlassen. Küsste mich noch zu Abschied und sagte mir, dass sie sich auf ein Wiedersehen freue.

Jetzt war ich wieder alleine. Der Traum war vorbei. Ich ließ das Erlebte noch einmal vor meinem geistigen Auge Revue passieren. Diese Gedanken zauberten ein Lächeln auf mein Gesicht. Ich saß lange auf meinem Bett. Tat nichts, starrte nur an die Wand. Wie ich mich fühlte? Was sollte ich denn tun? Mich etwa umbringen? Nein. Das würde ich nicht. Ich hatte einen anderen Entschluss gefasst. Ich zahlte mein Zimmer, stieg in den nächsten Zug und fuhr nach Hause. Zu meiner Familie.

Es war mitten in der Nacht, als ich wieder vor meiner Haustür stand. Und es regnete. Es war dunkel und kalt. Im Schlafzimmer brannte noch Licht. Sollte ich klingeln? Nein, es war schließlich auch mein Haus. Was würde ich ihr sagen? Würde ich von meiner Selbstmordabsicht erzählen. Von Carla und Hamburg?
Ich öffnete die Tür und ging die Treppe hoch. Öffnete auch diese Tür und erblickte sie auf der Bettkante. Sie schaute hoch, sagte nichts. Sie hatte geweint. Ich stand nur in der Tür und sagte zu ihr, dass ich wieder da sei. Wartete auf ihre Reaktion. Sie sagte nichts. Als wenn sie sich nicht sicher wäre, ob sie vielleicht nur träumte. Doch dann stand sie auf und kam auf mich zu. Ihre feuchten Augen strahlten. Der Mund formte ein Lächeln. Sie nahm mich in ihre Arme. Wir redeten nicht. Sie hielt mich

nur. Ich wusste warum ich zurückgekommen war.

Sie fragte nie nach. Ich erzählte ihr auch nie etwas. Auch Carla besuchte ich nicht. Hatte ihre Adresse aber aufgehoben. Für denn Fall, dass ich wieder einmal vorhaben sollte, mich umzubringen. Dann würde ich sie anrufen. Und wir uns in Hamburg treffen.

Doch jetzt wollte ich erst einmal leben. Meine Frau und meine Familie lieben. Ja, der Tod konnte schließlich warten.

Im Auftrag des Schicksals

Meine Geschichte beginnt an einem Montag. Nicht, dass das relevant wäre, arbeitete ich doch jeden Tag der Woche. Und vor allem montags hatte ich viel zu tun. Hatte ich doch gehört, dass die meisten an diesem Tage sterben. Ja, auch meine Erfahrung zeigte, das montags immer viel los war. Das kann ich aus vielen Jahren erfolgreicher Arbeit nur bestätigen. Und obwohl die Menschen mich nicht wirklich mochten, war mein Job doch absolut krisensicher. Ich hatte immer gut zu tun. Ich kannte viele, wenn auch nur kurz. Stets ungebeten, aber doch notwendig.

Am Montag zehn Minuten nach Mitternacht bestellte mich das Schicksal, mein Arbeitgeber, an eine Brücke. Diese Brücke führte über einen Fluss. Sie war hoch und der Fluss war tief. Vor allem aber war es bitter kalt.

Als ich ankam, war ich nicht der erste dort. Vor mir stand ein Mann von höchstens 30 Jahren. Da ich mich vorzüglich im Schatten aufhalte, sah er mich nicht. Seine Erscheinung war die eines gebrochenen Mannes, zwar kräftig von Statur, aber geistig zermürbt. Er sah elend aus und so fühlte er sich mit Sicherheit auch. Er stand mit dem Rücken zu mir. Sein Gesicht überblickte den weiten Fluss. Dieser wurde von dem schwachen Mondlicht in ein dunkles Glitzern gehüllt. Er redete nicht. Er bewegte sich auch nicht viel. Blickte nur den Fluss entlang bis zum Horizont. Das alles wirkte etwas unheimlich bis grotesk. Er verhielt sich eben nicht gerade typisch für diesen Ort und diese Uhrzeit. Noch immer rührte er sich nicht. So langsam fragte ich mich, weshalb ich überhaupt hier war. Entschied mich aber ihn nicht anzusprechen. Beobachtete weiter.

Seine Hände umfassten das Geländer aus rostigem Stahl, als plötzlich ein zweiter Mann auf der anderen Seite der Brücke auftauchte. Dieser war gut doppelt so alt wie der erste, hatte eine erbärmliche Statur und trottete langsam in Richtung Brückenrand. Da bemerkte ihn der erste. Nennen wir Ihnen A und den zweiten B. Ich persönlich kenne die Namen beider, doch sind diese nicht von Bedeutung. Sie standen nun keine zwei Meter voneinander entfernt. Wusste doch ein jeder was der andere vor hatte. So kamen sie schließlich auch ins Gespräch. Erst zaghaft, doch als das Eis gebrochen war, sprachen sie offen miteinander. A fragte B weshalb er hergekommen sei. B antwortete, dass er an einer unheilbaren Krankheit leide. Er ein erfülltes Leben hatte und seiner Familie die kommenden Belastungen seiner Pflege und seines körperlichen Verfalls nicht aufbürden wolle. Er hatte gelebt und nun sei es für ihn an der Zeit abzutreten. Ich war überrascht wie pragmatisch B in dieser Hinsicht doch dachte. Und endlich wurde mir auch klar, weshalb mich das Schicksal zu dieser späten Stunde an diesen Ort gerufen hatte. Hoffte, er würde nicht all zulange zögern, damit ich endlich in den Feierabend gehen könnte.

A nickte nur zustimmend auf das eben gesagte, er konnte ihn voll und ganz verstehen. Seine Gründe seien zwar andere, aber hatte er doch denselben Entschluss gefasst. Heute Nacht und von dieser Brücke. Auch B nickte ihm zu. Daraufhin vergingen einige Minuten, in denen sich die beiden gegenüberstanden, ohne ein Wort miteinander zu wechseln.

Schließlich fragte A seinen gegenüber wie es eigentlich war, alt zu werden. Ob für ihn das Leben neben den vielen schlechten und schlimmen Phasen auch noch etwas Gutes zu bieten hatte? B lächelte. Natürlich. Wenn er so an die Zeit zurück dachte, dann war vieles schön und er froh, es erlebt zu haben. Hatten ihn doch die guten Zeiten gestärkt, um die schlechteren zu überstehen. War es zu Anfang vor allem seine Frau, die ihm stets zur Seite stand, so schöpfte er in späteren Jahren seine Kraft aus der Freude über seine beiden Töchter. Diese seien mittlerweile längst erwachsen. Auch wirtschaftlich blieb der Erfolg für ihn nicht aus. Er war selbstständig und verdiente einmal viel Geld. Heute müsse er nicht mehr arbeiten. Und seine Familie würde ohne ihn keine finanziellen Entbehrungen erleben. Dafür sei gesorgt. Er stockte und sein fester Griff um das Geländer lockerte sich, er trat einen Schritt zurück. Ja, ich begriff, er hatte es sich anders überlegt. Wollte wohl doch noch etwas auf Erden verweilen. Blieb mir also nur noch die Hoffnung, dass wenigstens A an seiner Absicht fest hielt. Doch auch da hatte ich gefehlt. Auch er trat vom Rand der Brücke zurück. Keine schöne Sache für mich. Hatte ich doch umsonst im Schatten gewartet.

Anstatt in gemeinschaftlicher Absicht von der Brücke in das kalte Nass zu springen, setzten sich die beiden auf den Bordstein und fingen eine ausgiebige Unterhaltung an. Sie erzählten von ihrer beider Leben. Von den guten Erlebnissen und auch von den schlechten. Sie redeten lange und sie redeten viel. Sie verstanden sich. Und je mehr sie redeten, desto ferner rückte ihre Absicht, sich heute Nacht umzubringen. Ich harrte im Schatten aus und lauschte weiter ihrem Gespräch. Dabei begann ich zu frieren. Was war das bloß für ein Tag! Erst kein Geschäft und dann wohlmöglich noch eine Erkältung obendrauf. Ich beschloss, mich auf den Weg zu machen. Alles nur falscher Alarm.

Doch just in dem Moment, in dem ich aufbrechen wollte, machten sich auch A und B auf. Sie hatten Telefonnummern ausgetauscht und wollten in Kontakt bleiben. Sprachen sich noch gegenseitig Mut zu, bevor sie sich verabschieden. Ich wartete im Schatten, wollte ich doch nicht in letzter Minute noch entdeckt werden.

Es war fast zwei Uhr morgens und beide machten sich zurück auf den Weg nach Hause. Der eine ging nach rechts, der andere nach links. Der alte Mann blieb auf dem Bürgersteig, der junge nicht. Er schaffte es nicht einmal von der Brücke herunter. Ein schwerer Transporter erwischte ihn mit hoher Geschwindigkeit von hinten. Direkt auf der Straße. Er wurde weit durch die Luft geschleudert und war sofort tot. Er hatte ihn nicht einmal kommen sehen. Der alte Mann war schockiert, doch eilten er und der Fahrer ihm schleunigst zur Hilfe. Nur um festzustellen, dass da nichts mehr zu machen war. Aber ich freute mich, hatte sich das Schicksal doch nicht geirrt. War ich doch zur richtigen Zeit am richtigen Ort. Manchmal wird Warten eben doch belohnt.

Was nun folgte war reine Routine für mich, war ich doch in meinem Element. Begleitete ich den jungen Mann weg von dieser Erde hin zu einem anderen Ort.

Es sollte sich herausstellen, dass der ältere Mann ihm auf den Tag exakt fünf Wochen später folgte. Im Schlaf erlag er seiner Krankheit. Auch ihn holte ich ab und richtete dabei gleich Grüße von seinem jüngeren Bekannten aus. Dieser warte schon und freue sich auf eine Fortsetzung ihrer interessanten Unterhaltung.

Verabredung im dritten Akt

Ich

Ich bin schon etwas schüchtern, aber nicht verklemmt. Würde mich eher als zurückhaltend beschreiben, war nie der Klassenclown. Und auch nie ein Liebling der Mädchen. Andere waren da immer interessanter als ich. Die spielten sich stärker in den Vordergrund. Ich bin da eher ruhig. Habe aber gelernt meine Rolle zu akzeptieren.

Ja, ich glaube Selbstsicherheit ist vor allem eine Frage des Aussehens. Und auch der Erziehung. Da kann ich nur sagen, dass ich wohl von beidem nicht viel abbekommen habe. Bin zwar normal gewachsen, aber zu hager für meine Größe. Ich habe dunkle, glatte, dünne und kurze Haare sowie eine zu große Nase. In meiner Klasse war ich der Letzte, der sich rasieren musste. Noch heute reicht es, wenn ich dies alle zwei Tage tue. Auch wäre der Versuch, sich einen Vollbart wachsen zu lassen, absolut vergebens. Eher verliere ich meine Haare auf dem Kopf. Ich habe lange, dünne Beine und Arme, doch am meisten stört mich die Hühnerbrust. Nein, der nichtvorhandene Hintern. Habe nämlich gelesen, dass Frauen immer zuerst auf den Hintern schauen. Auch trage ich keine besondere Kleidung. Bin nicht wirklich modisch. Ich habe nur drei Hosen und genauso viele Paar Schuhe. Meistens trage ich T-Shirts. In grau, weiß oder schwarz. Dazu meine blaue Jeans und Sportschuhe. Ich habe einmal gehört, dass Kleider Leute machen. Vielleicht bin ich ja auch aus diesem Grunde schüchtern. Oder es liegt einfach an meiner Erziehung. Meinen Vater habe ich nie kennen gelernt und meine Mutter arbeitet den ganzen Tag. Geschwister habe ich keine.

Ich wohne zusammen mit meiner Mutter in einer Altbauwohnung. Renoviert ist diese nicht. Aber dafür ist die Miete günstig. Sie geht morgens vor mir aus dem Haus. Macht mir aber immer noch Frühstück. Zwei Toast und einen schwarzen englischen Tee mit etwas Milch. Sie weckt mich kurz bevor sie die Wohnung verlässt. Ich mache mich dann fertig, esse und gehe zur Schule. Nächstes Jahr bin ich durch.

Nur abends essen wir zusammen - meistens. Schauen dabei immer fern. Wir haben sogar die gleichen Lieblingssendungen. Wie ich mich fühle, erzähle ich ihr nicht. Sie mir aber auch nicht. Nur manchmal, da redet sie von ihrer Arbeit. Sie fühlt sich dort nicht wohl. Ich fühle mich meist auch nicht gut, weder in der Schule, noch zu Hause. Habe aber gelernt, das zu akzeptieren. Das liegt vielleicht an meinem Alter.

Freunde habe ich kaum. Nur gegenüber, da wohnt Lora. Sie ist die Tochter russischer Immigranten und erst seit drei Jahren hier. Sie ist nicht schön, aber dafür besonders nett. Seit kurzem hat sie auch einen Freund. Ich komme mit ihm zu Recht.

Nach der Schule gehe ich manchmal mit zu ihr hinüber und wir schauen zusammen fern oder hören Musik. Ihre Eltern arbeiten beide nicht, aber zum Glück hat sie ihr eigenes Zimmer. Wir haben uns auch schon einmal geküsst. Das war bevor sie ihren Freund hatte. Es war aber trotzdem nicht richtig. Lora ist meine Freundin, eine Freundin. Wir reden da auch nicht mehr drüber.

Manchmal gehen wir in die Stadt. Nehmen dann die U-Bahn und steigen am Hauptbahnhof aus. Wir gehen meist ins Kino oder setzen uns in ein Café. Abends auch mal in eine Bar, das aber eher selten. Ab und zu kommt auch ihr Freund mit. Er hat aber nicht so viel Zeit, da er schon arbeitet. Er ist Schichtarbeiter und älter als ich. Wir kommen trotzdem miteinander aus.

Lora erzähle ich wie ich mich fühle. Sie mir auch. Ich bin ihr bester Freund, hat sie gesagt.

Auch darf ich sie als einziger in ihrer Aussprache korrigieren. Ihr Deutsch ist gut, aber sie macht Fehler. Ich helfe ihr oft bei den Hausaufgaben. Im Gegenzug dazu lehrt sie mich Russisch. Ich kann in dieser eigenartigen Sprache schon zählen und fluchen.

Wir beide haben eine enge Beziehung zueinander. Sie würde für mich lügen und ich würde dasselbe für sie tun. Wir haben uns geschworen für immer Freunde zu bleiben. Mal schauen, ob dieser naive Schwur der Realität standhält. Ich hoffe es.

Auch ihr Freund hat verstanden, dass ich in ihrem Leben einen besonderen Platz einnehme. Zum Glück hat er auch verstanden, dass ich weder Gefahr noch Konkurrenz für ihn bin. Und ich bin froh, wenn die beiden glücklich sind. Nein, ich bin froh, wenn Lora glücklich ist. Und zurzeit ist sie es zusammen mit ihrem Freund. Das ist gut so.

Ich selbst habe mir noch keine Gedanken darüber gemacht wie es wäre, eine Freundin zu haben. Ich hätte Angst durch sie meine Beziehung zu Lora zu gefährden. Was wäre, wenn sie und Lora nicht zu Recht kämen? Wenn sie meine Beziehung zu Lora nicht verstehen könnte? Fakt ist, dass ich bis heute noch keine Freundin hatte.

Doch seit einiger Zeit hat sich Lora das Ziel gesetzt, mir bei der Suche nach einer Partnerin behilflich zu sein. So fragt sie manchmal nach meinem Frauengeschmack, ja sogar, ob ein Mädchen meiner Klasse infrage käme. Ich bin bei dieser Form der Partnervermittlung meist nicht sehr kooperativ. Habe ja auch noch nicht die Richtige gefunden. Ja, ich suche nicht einmal. Übrigens ist mein Bett auch viel zu klein, als dass ich dort regelmäßig einen Gast aufnehmen könnte. Aber Lora lässt sich nicht abbringen. Nachmittags im Café drängt sie mich, dort Frauen anzusprechen. Wäre sie nicht meine beste Freundin, könnte man fast glauben, sie macht das zum Teil nur, um mich abblitzen zu sehen. Aber diese Freude bereite ich ihr nicht. Ich spreche niemanden an. Ich bin zu schüchtern. Selbst wenn ich es wollte, würde ich mich nicht trauen. Doch Lora gibt nicht auf. Bis jetzt jedenfalls noch nicht.

Café

Wir sind jeden Donnerstag in dem Café in der Stadt. Ich bin meist schon einige Zeit da, bevor Lora durch die Tür schlendert und nach mir Ausschau hält.

Ich komme schon früher, weil ich die Ruhe eines einsamen Tisches mag. Um einen herum findet zwar jegliche Art an Konversation statt, aber einbezogen wird man nirgends. Ich höre oft und gerne den anderen, meinen Nachbarn, zu. Ich beobachte sie. Wie sie sich streiten, gegenseitig Komplimente machen, über Politik, das Leben und auch ganz belanglose Dinge unterhalten. Am liebsten höre ich eben genau diesen unwichtigen Themen zu. Höre wie minutenlang über die Farbe Grün gesprochen wird oder die vorbeifahrenden Autos gezählt werden.

Nur Streit mag ich nicht. Denn gestritten wird überall und das fast jeden Tag. Daher auch meine Abneigung gegenüber allen politischen Gesprächen. Politik ist in meinen Augen eigentlich auch nur eine anders gesittete Form des Streits.

Ich mag keinen Streit. Ich mag Ruhe. Und ich mag die Freude. Ich freue mich gerne mit den anderen oder auch für sie. Finde es wichtig, die schönen Dinge im Leben zu sehen. Haben doch die meisten Menschen ihre Augen im Leben zwar offen. Aber wirklich etwas sehen tun sie nicht. Schön sind aber doch so viele Dinge. Schön ist ein Baum, der Garten, das eigene Haus, eine ruhige Straße, eine Erinnerung. Schön kann so vieles sein. Und zum Glück bestimmen wir für uns selbst was wir als schön und angenehm empfinden. Denn viele vergessen nicht nur ganz genau hinzusehen, nein, sie vergessen auch wie flüchtig vor allem das Schöne sein kann.

In meinen Gedanken vertieft bemerke ich manchmal gar nicht, dass Lora mich schon längst ausfindig gemacht hat und sich direkt auf mich zu bewegt; oder gar schon am Tisch sitzt. Besonders heute nicht, wo ich die Schönheit direkt von meinen Augen habe. Es bedarf ein oder zwei höfliche aber bestimmte Aufforderungen von Lora, um wenigstens ein „Hallo" von mir zu ergattern und ich bereit bin, meinen Augen wieder freien Lauf zu lassen.

Die Fremde ein paar Meter neben mir ist wahrlich schön. Nein, das wird ihr nicht gerecht. In meinen Augen ist sie vollkommen. Und sie sitzt mir genau gegenüber. An einem Tisch neben uns. Er ist für zwei, aber sie ist alleine da. Das hoffe ich jedenfalls.

Ich lasse sie nicht vollkommen aus den Augen. Auch nicht, als ich Lora wieder meine Aufmerksamkeit zukommen lasse. Mindestens ein Auge bleibt an dem Tisch direkt hinter meiner Freundin. Sie lächelt mir zu. Ich versuche auch zu lächeln. Habe ich gelächelt? Kann mich nicht mehr genau erinnern. Ich hoffe es. Ich bin fasziniert von ihr. Das entgeht auch Lora nicht.

Sie fragt mich, was mit mir los sei. Was ich denn hätte? Ob etwas passiert sei? Ich verneine. Lora versteht mich nicht. Natürlich nicht. Ich kann es ihr auch nicht verübeln, habe ich ihr doch noch nichts von der Schönheit direkt hinter ihr erzählt.

Nun spreche ich von glatten Haaren, perfekten Lippen und einem süßen Lächeln und ernte doch nur Unverständnis. Ich erzähle ihr daraufhin von der umschwärmten Fremden hinter ihr. Sie möchte sich umdrehen, die Schönheit betrachten. Ich kann sie gerade noch davon abhalten.

Wäre ich Lora, wäre ich mindestens genauso interessiert, diese junge Frau mit eigenen

Augen zu sehen. Doch mit dem Argument des Offensichtlichen dreht Lora sich dann doch nicht um. Zum Glück. Ich hätte es wohl trotzdem getan. Anstatt dessen hört sie mir gespannt zu, wie ich in warmer, schöner Sprache die Vorzüge meiner Tischnachbarin hervorhebe. Ihre Augen, ihr Gesicht, ihre goldenen Haare, ihr verführerisches Lächeln, ihre fesselnde Ausstrahlung.

Lora rät mir schließlich hinüber zu gehen und mich vorzustellen. Nein, das geht nicht. Das kann ich nicht. Das traue ich mir nicht zu.

In diesem Moment, in dem ich zweifle, hat sie ihren Kaffee ausgetrunken. Zu meiner Verzweiflung ordert sie nun auch noch die Rechnung. Meine Zeit wird knapp. Was soll ich tun, gleich wird sie gehen. Sie wird aufstehen, den Stuhl beiseite schieben und das Café verlassen. Und mich hier zurücklassen, ohne meinen Namen zu erfahren, ohne mich zu kennen. Ohne Chance, sie je wieder zu sehen, ihren Namen zu erfahren.

Ich muss etwas unternehmen. Schnell. Was? Ich darf sie nicht einfach so aus der Tür, aus meinem Leben verschwinden lassen. Lora hilf mir!

Sie sagt, ich solle einen Zettel schreiben, mit meinem Namen und meiner Telefonnummer darauf. Ich suche einen Stift. Finde ihn. Suche Papier, nur ein kleines Stück. Ohne Erfolg. Sie packt bereits ihre Tasche! Der Kellner kommt mit der Rechnung. Ich muss mich beeilen. Nehme eine Serviette. Schreibe meinen Namen darauf. Und meine Nummer. Jetzt müsste ich aufstehen, hinübergehen und diesen Zettel abgeben. Doch ich sitze noch. Sie steht bereits! Ich kann es nicht! Was soll ich nur tun? Lora!

Ich schaue sie an. Sie versteht meinen Gesichtsausdruck. Sie kennt mich schließlich. Nimmt kommentarlos den Zettel und steht auf. Dreht sich um und geht zu dem Tisch gegenüber. Danke Lora!

Sie unterhalten sich kurz. Lora gibt ihr meinen Zettel. Das schöne Mädchen lächelt mich erneut an - und verschwindet. Puh! Ich hoffe, ich habe wenigstens dieses Mal zurückgelächelt.

Mein Herz pumpt, mein Puls rast. Und Lora kommt schnellen Schrittes zurück an unseren Tisch. Auch sie lächelt. Das ist ein gutes Zeichen! Lora erzählt mir, dass sie Sophie heißt und sich bei mir melden wird. Mein Puls rast noch immer. Ich bin aufgeregt und sicher ganz rot im Gesicht.

Der Nachmittag vergeht, doch Sophie geht mir nicht aus dem Kopf. Ich versuche von Lora noch mehr über sie in Erfahrung zu bringen. Doch mehr weiß auch meine beste Freundin nicht. Sie vertröstet mich insoweit, dass ich wohl alles wichtige bald von Sophie selbst erfahren werde. Doch wird sie mich anrufen? Wird sie sich melden? Lora geht jedenfalls davon aus.

Und gelächelt hat sie ja auch, als Lora ihr meine Nummer gab. Das ist doch ein gutes Zeichen, oder? Ich bin da zuversichtlich.

Verabredung

Draußen ist es dunkel, doch schlafen kann ich noch nicht. Vor Aufregung, nein, vor Unruhe kann ich mich noch nicht einmal auf den Film im Fernsehen konzentrieren.

Noch hat sie nicht angerufen. Aber das wird sie. Und wenn nicht heute, dann morgen, oder übermorgen. Doch auch heute ist es noch nicht zu spät.

Vielleicht ist sie ja auch solch ein Nachtmensch wie ich es bin. Ich bin zu später Stunde zwar oft müde, doch schaue ich meist bis tief in die Nacht fern oder lese. Ich lese gerne und in letzter Zeit auch viel. Vielleicht hat sie ja die gleichen Interessen wie ich? Vielleicht sind wir aber auch ganz unterschiedlich. Vielleicht würden wir uns gar nicht verstehen. Nein, das glaube ich nicht.

Kenne noch nicht einmal ihre Stimme. Klingt sie nett? Sicher. Redet sie viel? Bestimmt nicht. Oder traut sie sich vielleicht gar nicht mich anzurufen? Hätte ich persönlich nach ihrer Nummer fragen sollen? Hätte ich den Mut aufbringen sollen sie direkt anzusprechen? Wenn ich es nicht einmal schaffe sie anzusprechen, wieso sollte sie mich dann überhaupt zurückrufen? Vielleicht hat sie meine Nummer ja schon verlegt oder gar verloren? Oder schlimmer noch, vielleicht schon weggeworfen! Vielleicht hat sie auch gar kein Interesse daran mich kennen zu lernen? Vielleicht hat sie sogar einen Freund! Oder sie traut sich einfach nicht mich anzurufen. Aber sie hat doch gelächelt!

Drei Wochen ist es her und ich rede mit Lora jeden Tag über sie. Gehe so oft wie nur möglich in das Café. Alles in der Hoffnung, sie dort noch einmal anzutreffen. Habe sie sogar schon der Bedienung beschrieben. Alles ohne Erfolg. Kein Zeichen von ihr. Ja, so langsam beginne ich zu überlegen, ob ich mir alles nur eingebildet habe. Doch Lora überzeugt mich vom Gegenteil: Sie war in diesem Café, hat meine Nummer bekommen, sich aber bis zum heutigen Tage noch nicht bei mir gemeldet.

Ich warte, gespannt aber geduldig. Höre den Anrufbeantworter mehrmals täglich ab. Auch wenn er keine neuen Nachrichten anzeigt. Nur um sicher zu gehen. Ich träume sogar von ihr. Wir sitzen dann zusammen im Café, nur wir zwei. Wir unterhalten uns. Ich lausche ihrer Stimme. Eine schöne Stimme. Sie verzaubert mich. Und dann wache ich auf.

Doch die ersten Minuten am Morgen sind zum Glück die schönsten. Meine Augen noch geschlossen liege ich dann reglos im Bett und bin noch mehr im Traum als wirklich schon wach. In dieser kurzen Zeit zwischen Traum und Tag erscheint mir dann das soeben Geträumte noch so wahr, so real. So echt, als hätte ich es eben erst erlebt. Nur langsam verblasst dann dieses wunderbare Gefühl. Und die Realität holt mich ein. Nur ein Traum.

Sie ist nicht da.

Das Telefon klingelt. Ist sie es? Wenn ja, was werde ich sagen? Werde ich sie erkennen? Wird sie wieder auflegen, nachdem ich meinen Namen genannt habe?

Ich nehme ab, sage meinen Namen und reiche das Telefon weiter an meine Mutter. Für sie.

Ich frage mich, ob ich sie vielleicht in weiteren drei Wochen vergessen haben werde.

Epilog

Das Erlebte ist jetzt schon mehr als ein halbes Jahr her. Ich habe es nicht vergessen, aber verdrängt, gelernt zu akzeptieren.

Manchmal ersuchen wir, was nicht für uns ist. Manchmal glauben wir zu brauchen, ohne den Grund oder die Notwendigkeit dafür zu kennen. Und manchmal sollten wir uns dessen bewusst sein, wie schön es ist - und nicht wie schön es sein könnte.

Abschied

Als ich heute aufwachte, warst Du schon weg. Deine Seite des Betts war schon kalt. Deine Sachen schon weggeräumt. Als hättest Du nie bei mir existiert. Nichts von Dir war mehr da. Nur ein paar Bilder. Wie eine vergangene Erinnerung aus einem früheren Leben.

Der Tag begann kalt und mein Zimmer war kühl. Es war schon hell, doch die Sonne schien heute nicht. Ich stand auf. Fertig und ausgelaugt. Und hatte ich doch genug geschlafen. Stand ich in der Küche und bemerkte Deine geschriebenen Zeilen. Du müsstest gehen. Es wäre Zeit sich zu verabschieden. Doch würde es Dein Herz brechen. So bist Du einfach gegangen. Würdest das Flugzeug nehmen. Nach Hause. Weg von dieser Stadt. Ohne mich.

Ich stand in der Küche. Dachte nicht. Ich konnte nicht. Ich wusste nicht. Und Du warst bereits weg. Doch eines war mir klar. Ich brauchte Dich. Ich würde Dich nicht gehen lassen. Ohne Dich konnte ich nicht.

Zog mich an. Trank den Kaffee von gestern. Duschte nicht. Durfte ja keine Zeit verlieren. Rief ein Taxi. Wartete endlos, bis es endlich kam. Wies ihn an, Dir zu folgen. Zum Flughafen. Hoffte, dass Du noch nicht weg warst. Ich Dich noch bekomme. Erzählte dem Fahrer meine Geschichte. Er verstand mich. Ich sagte ihm, er solle schneller fahren. Er beschleunigte.

Was habe ich falsch gemacht? Was hat Dich bedrückt? Wie konnte ich nur so blind sein? Nicht zu sehen was in Dir vorgeht. Und das nach all dieser Zeit. All den Jahren. Waren wir denn nicht glücklich? Waren meine Erinnerungen nur Fassade? Alles nur gespielt? Unecht? Das konnte doch nicht sein. Das glaube ich Dir einfach nicht. Du fühlst wie ich. Ich bin nicht der Grund. Du brauchst mich, so wie ich Dich.

Stieg aus dem Taxi. Bezahlte den Fahrer. Er wünschte mir Glück. Er schien es ernst zu meinen. Ich dankte ihm. Schaute ihm hinterher. Besann mich. Sammelte meine Gedanken. Wo sollte ich Dich finden? Warst Du schon weg? Es wurde Zeit. Und es fing an zu regnen. In Strömen. Ich wurde nass. Egal. Begann zu laufen. Wollte Dich noch erreichen.

Doch was ist, wenn Du mich nicht willst? Nicht auf mich wartest? Wie soll ich reagieren? Dich einfach gehen lassen? Ohne zu verstehen? Warum?

Das würde ich nicht. Ich würde Dich fragen. Ich würde Dich halten. Meine starken Arme um Deinen Körper legen. Und Dir das Gefühl der Stärke und Wärme geben. Dich drücken. Und eines habe ich mir geschworen: Dich nicht mehr loszulassen.

So lief ich durchnässt in die Eingangshalle. Ich fror. Es war schließlich kalt. Hier und in meinem Herzen. Ich hatte Zweifel. Sie nagten an mir. Sie ließen meine Schritte unsicher werden. Mich erneut innehalten. Was sollte ich tun? Ich brauchte Dich doch wieder. Ohne Dich konnte ich nicht. So nahm ich meinen Gang noch einmal auf. Lief in Richtung Gate. Hoffte, dass Du die Sicherheitskontrolle noch nicht passiert hast.

Laufe. Renne. Stolpere über andere Fluggäste. Entschuldige mich. Renne weiter. Erreiche das Gate. Bin außer Atem. Egal. Suche Dich. Was hast Du an? Bist Du schon weg?

Nein, ich entdecke Dich. Du wartest. Alleine. Sitzt auf einem der unbequemen Stühle. Trägst eine dunkle Sonnenbrille. Hast Du geweint? Fällt Dir der Abschied schwer? Vermisst Du mich schon? Hast kaum Handgepäck bei Dir.

Du bist wunderschön. Ich möchte zu Dir gehen. Dich umarmen. Dich lieben und nicht mehr loslassen. Ich lächle. Bemerke wie eine Träne meine Wange herunter läuft. Noch hast Du mich nicht bemerkt. Ich sollte auf Dich zu gehen. Doch bleibe ich stehen. Schaue Dich an. Weine. Sehe zu wie Du aufstehest, zum Check-In gehst, Dein Ticket herausholst. Es vorzeigst. Aus meinem Leben trittst.

Mein Lächeln verschwindet. Ich müsste laufen, Dich aufhalten, Dich zurückholen. Ich liebe Dich.

Stehe fast neben Dir. Brauch nur den Arm auszustrecken. Dich zu greifen, an mich zu ziehen, und Du wärst wieder mein. Bleibe stehen. Sehe zu wie Du an mir vorbeigehst. Du drehst Dich um, siehst zufällig in meine Richtung. Ich hebe meinen Arm. Ich winke.

Wie zum Abschied.

Ein Abschied ohne Wiedersehen.

Endgültig.

Du schaust mich an. Bleibst stehen. Tränen laufen Deine zarten Wangen herunter. Du streckst Deine Hand aus. Schließt sie wieder. Und nickst mir zu. Ich verstehe. Nicke zurück. Senke meinen Kopf.

Als ich ihn wieder hebe, bist Du weg. Als hättest Du nie bei mir existiert. Wie eine vergangene Erinnerung aus einem früheren Leben.

Sieben Tage Verlust

Tag I,
an dem ich sie finde

Als ich gestern nach Hause kam, war sie bereits tot. Es war schon spät. Wieder einmal ein Tag, an dem das Büro den Ablauf bestimmte. Und das nicht nur für acht, zu oft waren es auch 12 oder gar 14 Stunden. So kam es auch, dass ich mit der Zeit in meinem eigenen Haus ein Fremder wurde. Je weniger ich dort war, desto unbekannter wurde mir mein eigenes Heim.

Der Garten wurde bepflanzt, ich arbeitete während dessen – zahlte aber dafür. Die Küche und das Wohnzimmer wurden renoviert. Ich arbeitete und zahlte dafür. Das Dach wurde ausgebaut. Ich arbeitete. Habe das neue Zimmer dort oben bis heute nur flüchtig betreten, gemustert und wieder verlassen.

Kinder hatten wir keine. Und ob wir zusammen je glücklich waren, kann ich nicht mit letzter Gewissheit sagen. Ich glaube aber schon, jedenfalls am Anfang.

Ich fand sie zuerst nicht. Ich rief sie. Bekam keine Antwort. Ich suchte sie, durchsuchte jedes Zimmer, jedes Stockwerk. Erst oben im Dachgeschoss fand ich sie. Meine Frau lag dort auf dem Boden. Die Augen noch offen. Man sah sofort, dass sie tot war.

Erstaunlicherweise blieb ich ruhig und gelassen. Vielleicht lag es daran, dass ich nichts mehr für sie fühlte. Vielleicht daran, dass ich sie schon viel früher verloren hatte.

Habe dann alles Notwendige veranlasst. Sie wurde drei Stunden später abgeholt. Die beiden Herren waren in schwarz gekleidet und sprachen nicht viel. Fragten, ob ich mitfahren wolle. Ich bin hier geblieben. Habe mir etwas zum Essen gemacht. Sie kochte ja nun nicht mehr für mich. Etwas Tiefgefrorenes. Es schmeckte nicht. Irgendwie künstlich und fade.

Draußen war es längst dunkel. Aber mein Licht blieb aus. Hunger hatte ich keinen mehr. Keinen Abwasch. Zum Glück hatten wir – ich – eine Spülmaschine. Jetzt musste ich nur noch lernen sie zu bedienen.

Tag II,
an dem ich glaube sie zu vermissen

Ich habe das Haus heute nicht verlassen. Den Rest meiner Familie nicht angerufen. Unsere Bekannten und Freunde nicht benachrichtigt. Ich hätte wenigstens bei meinem Arbeitgeber anrufen sollen. Ich habe nichts dergleichen unternommen. Habe mir nur eine Flasche Wasser zur Hand genommen und mich auf das Sofa im Dachgeschoss gesetzt. Ich saß noch nicht oft dort. Eigentlich noch nie. Starrte auf den Boden, wo sie vor ein paar Stunden noch reglos gelegen hatte.

Es lag mir doch etwas an ihr. Aber jemanden, der noch nicht einmal einen Tag weg ist, kann man doch noch nicht vermissen. Ja, wie viele Tage braucht es denn? Zwei, vier, sechs oder gar mehr?

Ich habe die Nacht nicht geschlafen. Das Sofa nicht verlassen. Das Licht nicht angeschaltet und auch nichts aus der Flasche getrunken. Ich habe nur auf die leere Stelle auf dem Teppich vor mir gestarrt. Nichts ist geschehen. Außer, dass es wieder hell wurde, die Vögel ihr tägliches Morgenkonzert anstimmten und die ersten Sonnenstrahlen durch das Fenster fielen. Auf mein Gesicht. Ich habe nichts gemacht. Hätte wenigstens meinen Arbeitgeber kontaktieren sollen.

Im Laufe des Tages klingelte das Telefon zweimal. Der Anrufbeantworter war nicht eingeschaltet und ich ging auch nicht ran. Und obwohl mein Magen anfing zu knurren, aß ich nicht.

Gegen Mittag wandte ich meinen Blick von dem Teppichboden ab, hin zu den restlichen Möbeln des Zimmers. Ich hatte bis zu diesem Zeitpunkt gar nicht bemerkt, dass hier Bilder von ihr hingen. Alles aus einer Zeit, die schon Jahrzehnte zurück liegt. Sie lächelte auf den meisten Bildern. Es machte den Eindruck, als wenn sie glücklich war. Der Tisch war leer. Viel Platz gab es hier oben nicht. Wäre sie jetzt bei mir, würde es eng werden, wäre es eng geworden. Vielleicht war ich deswegen nie hier oben. Zu eng.

Ich mochte das Zimmer nicht besonders, obwohl das Sofa ganz bequem war. Hätte mir nur lieber von dem Geld, das hier oben in den Dachstuhl geflossen ist, ein Motorrad gekauft. Da ich aber noch nicht einmal einen Führerschein dieser Klasse besaß und sowieso kaum Zeit hatte, wurde der Dachstuhl ausgebaut.

Ob sie hier oben sterben wollte?

Tag III,
an dem ich träume und warte

Ich glaube, ich habe geschlafen. Auf jeden Fall habe ich mich auf dem Sofa lang gemacht. Und irgendwann muss ich auch die Flasche Wasser aus meinen Händen verloren haben. Sie lag umgekippt, aber verschlossen, auf dem Teppich vor mir. Ich habe nach wie vor nichts gegessen, obwohl es mein Magen war, der mich weckte.

Habe mich auch nicht rasiert, gewaschen oder gar umgezogen. Ich trug immer noch meinen grauen Anzug von vor zwei Tagen.

Werde meinen Chef anrufen. Ihm die Situation erklären und er wird mit Sicherheit Verständnis zeigen. Mir für den Rest der Woche frei geben.

Wollte nachher duschen. Lust hatte ich keine. Musste aber endlich meine Kleidung wechseln. Nur was trägt man? Schwarz? Oder doch legere? Jeans erschienen mir nicht wirklich angemessen. Ich wusste es nicht. Entschied mich dann für eine dunkle Cordhose, dazu ein dezentes Hemd. Konnte mich sogar zum Rasieren aufraffen. Auch die Zähne hatte ich geputzt. Doch fühlte ich mich trotz Körperpflege und neuer Kleidung keinen Deut besser. Da war ein dunkles, dumpfes Gefühl, welches sich langsam auszubreiten begann. Zu Anfang verharrte es nur im Hintergrund, doch schob es sich stetig weiter nach vorne. Ich fühlte mich leer. Und schwer. Ungemein schwer. Wunderte mich, dass ich es vor einigen Minuten überhaupt noch bis zum Bad geschafft hatte.

Den Rest des Tages verbrachte ich gelähmt und ohne Antrieb, ja schwach, auf dem Sofa. Vielleicht war es ja die versagte Nahrungsaufnahme der letzten zwei Tage, die mich so fühlen ließ. Oder vielleicht wollte ich mich auch einfach so fühlen. In diesem Moment, zu dieser Stunde. So und nicht anders.

Nur abends trank ich etwas, holte mir auch eine dünne Decke, legte mich hin. Und träum-

te. Nicht von meiner Frau, unseren gemeinsamen Jahren. Nein, ich träumte von einem weiten Rapsfeld, welches in voller Blüte stand. Alles kräftig in gelb gehüllt. Um mich herum malten die Farben blau, grün, gelb ein Bild von Schönheit, Ruhe und Harmonie. Es roch nach feinem Honig. Und es war warm. Ich mitten im Feld. Fühlte mich wohl. Geborgen. Meine Arme ausgebreitet und die Augen geschlossen stand ich da und horchte. Lauschte dem Wind, den Vögeln, der Natur.
Wartend. Aber worauf?

Tag IV,
an dem ich telefoniere

Ich wachte schweißgebadet auf. Lag es an der Decke? Oder an der Sonne, die mit ganzer Kraft den Dachstuhl aufheizte? Nein, es lag wohl an mir. Ich hatte Durst. Öffnete die Flasche mit dem nunmehr warmen Wasser und leerte diese ohne auch nur einmal abzusetzen. Der Blick auf meine Armbanduhr verriet mir, dass der Tag schon längst in Gange war. Es war fast zwölf Uhr mittags. Ich hatte lange, aber schlecht geschlafen. Das Rapsfeld meines Traumes wandelte sich alsbald von seinem vollen Gelb in dunkle, kalte, trostlose Farben.

Das Telefon klingelte. Ich überlegte, ob ich es überhaupt aufnehmen sollte. Ich tat es. Es war der Bestatter. Die Beerdigung könne in zwei Tagen stattfinden. Ich willigte ein und beauftragte ihn, diesen Anlass vorzubereiten. Legte dann auf und versuchte erneut einzuschlafen.

Als ich gerade im Begriff war der Realität zu entschwinden, klingelte das Telefon ein weiteres Mal. Mein Schwager. Schweren Herzens erzählte ich ihm, dass seine Schwester gestorben sei und die Beerdigung in zwei Tagen stattfände. Er war schockiert. Verständlicherweise. Fragte, ob er vorbeikommen solle. Ich wehrte aber ab. Es sei alles in Ordnung, eben den Umständen entsprechend.

Von der dunklen Leere, die sich mittlerweile in meinem ganzen Kopf ausbreitete und auch meinen Körper einnahm, erzählte ich nichts. Bat ihn nur, dem Rest der Familie und den engsten Freunden Bescheid zu geben. Dann schlief ich wieder ein.

Mein Chef wusste noch immer nichts von meiner Situation. Kann auch nicht sagen, ob er angerufen hatte, da ich anscheinend die folgenden Stunden in einem festen und tiefen Schlaf versunken war. Erst als die Sonne längst verschwunden war und es begann kühler zu werden, wachte ich wieder auf.

Kein schönes Gefühl. Einsam und alleine. Dumpf. Vor allem fühlte ich diesen latenten Schmerz tief in meiner Seele. Langsam meinen ganzen Körper einnehmend.

Es war Nacht. Es war dunkel. Und so fühlte ich mich auch. Versuchte abermals einzuschlafen. Vergeblich. Ich blieb wach. Es fing an zu regnen. Nur ein paar Tropfen. Schön gleichmäßig trommelten sie auf das Dach. Direkt über mir. Ohne Wind, ganz ruhig. Ein schönes Geräusch. So zeitlos. Ich hoffte innig, dabei einschlafen zu können. Doch kam ich nicht zur Ruhe. Innerlich rastlos, aufgewühlt, fühlte ich mich ohnmächtig. Einsam und alleine. Kein schönes Gefühl.

Die Nacht verging. Langsam. Doch schaute ich nicht auf die Uhr. Wollte gar nicht wissen wie spät es schon war. Dachte über all die notwendigen Behördengänge und Formalitäten nach, die nun in den nächsten Tagen und Wochen auf mich zukämen.

Ich dachte an damals. An früher. Und war mir mittlerweile sicher, dass wir uns liebten. Doch in diesem Augenblick fühlte ich mich vor allem ohnmächtig. Einsam und alleine.

Kein schönes Gefühl.

Tag V,
an dem ich eine Entscheidung treffe

Zuerst hörte ich die Vögel wie sie wieder ihr tägliches Lied anstimmten. So schön wie der Regen in der Nacht zuvor, aber lebendiger. Mir war bis zu diesem Moment nie bewusst wie laut und ausdrucksvoll dieses allmorgendliche Konzert vonstatten ging. Es war halb fünf Uhr morgens. Und ich hatte nicht mehr geschlafen. Nur mit offenen Augen an die Decke gestarrt. Dem Regen gelauscht. Tropfen für Tropfen. Bis diese langsam den Stimmen der ersten Vogel wichen. Versucht zu schlafen. aber vergeblich.

In der Nacht hatte ich mir dann endlich doch etwas zu Essen geholt. Kekse. Obwohl ich sie eigentlich mochte, schmeckten sie mir nicht. So aß ich auch nicht viel. Trank aber etwas. War lustlos. Ich wollte nichts essen.

Meine Arbeit war mir egal. Mein Chef auch. Genauso unsere – meine – Freunde und Familie. Sie interessierten mich nicht mehr. Ich wollte nur liegen bleiben. Auf diesem Sofa mit der braunen Decke. In diesem Zimmer, dass ich zwar bezahlt hatte, aber doch eigentlich gar nicht mochte. Hier liegen bleiben, mehr nicht.

Die Zeit verstrich. Es interessierte mich nicht. Ich ignorierte die Zeiger auf der Uhr neben mir. Ich ignorierte die Sonne. Wie sie anfangs zaghaft durch das eine Dachfenster und schließlich mit umso mehr Kraft durch das andere strahlte. Ich ignorierte die Sonne auch, als sie begann hinter den Baumkronen wieder zu verschwinden. Ich ignorierte das Telefon, welches mehrmals klingelte. War nicht einmal bereit, die Haustür zu öffnen, als es auch hier klingelte.

Ich fühlte mich nicht nur einsam, ich war es auch. Früher war die Ruhe etwas Schönes. Etwas Beruhigendes. Jetzt war es nichts von all dem. Es war beunruhigend. Fast nicht auszuhalten. Und mir wurde langsam bewusst wie sehr mich dieses Gefühl einnahm. Mich niederdrückte. Nichts hatte Bedeutung. Nur meine Gefühle. Die waren wichtig. Und doch konnte ich sie nicht richtig ergreifen, beschreiben. Nur eines wusste ich: es ging mir nicht gut. Es ging mir äußerst schlecht.

Meine Frau war tot. Und obwohl wir aneinander vorbei gelebt hatten, so taten wir dies doch wenigstens gemeinsam. Gingen am Wochenende zusammen Einkaufen. Teilten sogar noch ein Bett. Waren uns vertraut. Kannten die Reaktionen des anderen. Waren zwar nicht mehr glücklich, aber wenigstens fühlten wir.

Mir fehlte einfach die Kraft, das Positive wieder Teil meiner Gedankenwelt werden zu lassen. Mich an das Schöne zu erinnern. Nichts war mehr schön, nichts war mehr gut. Meine Seele war so dunkel wie das Zimmer, in dem ich nun schon seit Tagen hockte, lag und schlief.

Von außen schien zwar der Mond herein, doch erreichte er mich nicht. Nichts erreicht mich in diesem Augenblick. Ich wollte es auch nicht. Ich wollte nicht mehr. Ich konnte nicht mehr.

Ging ins Bad. Stand vor dem Spiegel. Schaute hindurch. Doch sah mein Abbild nicht. Sah nur eine leere dunkle Hülle, die bald schon nicht mehr sein sollte.

Ich weinte. Nicht viel. Mir liefen langsam die Tränen an den Wangen herunter. Öffnete den Wandschrank, nahm den Beutel mit den Rasierklingen heraus. Begutachtete jede einzeln. Schnitt mir in den rechten Zeigefinger. Schaute zu, wie das Blut langsam zu fließen begann.

Setzte langsam am Handgelenk an – und entschied mich dagegen. Das wäre nicht in ihrem Sinne.

Schaute erneut in den Spiegel vor mir. Und erkannte mein graues Gesicht. Ich rasierte mich. Ging darauf ins Umkleidezimmer und suchte einen schwarzen Anzug heraus. In ein paar Stunden, wenn es wieder hell wurde, hatte ich meine Frau zu beerdigen.

Ich zog mich langsam an. Wählte die Kleidung mit Bedacht. Trug zwar schwarz, aber jenen Anzug, den meine Frau so mochte. Ähnlich das Hemd und die Schuhe. Machte Musik an. Eine ruhige, traurige CD. Und trotzdem war es ein gutes Gefühl in diesem Moment. Ich dachte nicht, lauscht nur dem trägen Takt der Musik. Setzte mich mittig auf das Bett und legte meinen Kopf zurück. Ich starrte an die Decke.

Was ich empfand? Nichts. Aber auch die dumpfe Leere in mir begann endlich zu weichen.

Tag VI,
den ich mit ihr verbringe

Ich musste wohl wieder etwas geschlafen haben. Ich lag zwar noch auf unserem – meinem – Bett, doch war der Anzug zerknittert. Egal. Es war kurz vor zehn Uhr morgens. In einer gute Stunde wäre es Zeit für die Beerdigung.

Ich ging nicht hin.

Ließ sie alleine trauern und feiern. War nicht dabei. Doch wusste ich, dass Du mir verzeihst. Ich verließ zwar rechtzeitig das Haus, stieg in den Wagen. Doch fuhr ich nicht zum Friedhof. Fuhr in die andere Richtung. An den Strand, wo wir uns kennen gelernt hatten.

Ich suchte die Bank, auf der wir uns das erste Mal geküsst hatten. Ich fand sie. Setzte mich. Redete mit Dir. Ich wusste, dass Du mich hören konntest.

Es war ein schöner, ein warmer Tag. Ein Tag wie Du ihn mochtest. Ich saß dort bis spät in den Nachmittag hinein. Ich fühlte mich gut.

Ging dann wieder zum Auto und besuchte Dich. Hatte Dir nicht einmal Blumen mitgebracht. Es war ein schöner Grabstein. Weiß aus Marmor. Ich sagte kein Wort. Stand dort, bis es anfing dunkel zu werden. Ging dann nach Hause.

Dort angekommen, wartete Dein Bruder vor der Haustür. Wir haben uns nie richtig verstanden, aber er machte mir keine Vorwürfe, dass ich nicht erschienen war. Er sagte gar nichts. Gab mir nur die Hand. Und als ich sie nickend entgegen nahm, erwiderte er mit derselben Geste. Dann machte er sich auf den Weg.

Ich schloss auf und suchte ein Foto von Dir. Mein Lieblingsfoto. Wir beide vor Jahren im Urlaub. Ich nahm eine Schere zur Hand und schnitt uns aus. Jetzt hatte ich nach all den Jahren wieder ein Foto von Dir in meinem Portemonnaie. Es war ein schönes Foto.

Diese Nacht schlief ich erstmals wieder gut.

Tag VII,
an dem es weiter geht

Vor acht Uhr morgens war ich bereits gewaschen, rasiert und angezogen. Ich hatte auch schon gefrühstückt. Mir fiel auf, dass ich abgenommen hatte. Das tat mir gut.

Vor neun Uhr war ich schon im Büro. Als mein Chef hereinkam, gab es keine Auseinandersetzung aufgrund der unentschuldigt gefehlten Woche. Er wünschte mir nur sein herzliches Beileid und teilte mir mit, dass es schön sei, mich wieder an Bord zu haben. Ich lächelte. Erleichtert.

Und nun freue ich mich auf die vielen Stapel Papier, welche sich angehäuft haben und in den nächsten Tagen abgearbeitet werden müssen. Und auch das werde ich schon schaffen.

Nur manchmal, da weine ich bitterlich. Wenn ich alleine bin. Aber das ist auch gut so.

Mein bester Freund

Lasst mich eine Geschichte erzählen. Es ist die Geschichte eines Freundes, eines guten Freundes. Eines Freundes, der wie ein Bruder für mich war. Das letzte Mal sah ich ihn vor nicht all zu langer Zeit. Er lächelte und sprach gut zu mir. Ja, unsere Freundschaft hatte die Jahre überdauert und vielem standgehalten. Doch bevor ich weiter erzähle, beginne ich doch lieber am Anfang.

Wir wuchsen zusammen auf. Unsere Eltern waren schon befreundet und das lange bevor wir auf die Welt kamen. Wir waren wie Geschwister, teilten unsere Geheimnisse und unsere Wünsche. Er wollte Anwalt werden. Ich fremde Planeten bereisen. Schon als Kinder spielten wir zusammen. Gingen sogar in dieselbe Klasse. Halfen uns gegenseitig bei den Hausaufgaben. Er konnte Mathe ganz gut und ich war besser in Geschichte.

Unsere Freundschaft überdauerte jede Beziehung und hielt auch, als wir auf unterschiedliche Universitäten gingen. Er brach sein Studium ab, um seinem kranken Vater im Geschäft auszuhelfen. Noch heute verkauft er Eisenwaren in einem kleinen Laden nicht weit von seinem Elternhaus. Sein Vater starb früh. Ich zog in eine andere Stadt. Machte Karriere. Zwar nicht auf anderen Planeten, dafür aber in anderen Ländern. Hatte viel mit Asien zu tun. Reiste oft nach Hong Kong, Singapur und Tokio. Doch unser Kontakt blieb bestehen. Wir sahen uns zwar nicht mehr so oft, freuten uns dafür aber umso mehr, wenn wir uns wieder trafen.

Er heiratete bald ein Mädchen aus seiner Gegend. Sie war aufmerksam, nett, umsorgte ihn mit Hingabe und Liebe. Mir lag sie nicht besonders, aber das sollte sie ja auch nicht. Er sollte mit ihr glücklich werden. Und das war er auch. Er liebte sie und sie liebte ihn. Er machte ihr zwei Kinder und baute ein kleines Haus. Zusammen waren sie glücklich. Er trug immer ein Bild von ihr in seiner Tasche. Er sprach oft von seiner Frau, und dann auch nur Gutes. Ja, er liebte sie von ganzem Herzen. Und das Glück der beiden hielt auch an, als die Jahre vergingen. Sie waren nicht nur Liebende, nein sie wurden mit der Zeit auch beste Freunde.

Er lächelte viel und trug sie auf Händen. Sie tat es ihm gleich. Dachte ich. Auf jeden Fall freute ich mich für die beiden. Sie waren glücklich und sie zeigten es auch. Und das war gut so.
Bis zu dem Tag, als sie ihn verließ. Sie verschwand mit einem reichen Geschäftsmann in den Süden. Und nahm die Kinder gleich mit. Das traf ihn. Das konnte er nicht verstehen. Nicht akzeptieren. Das wollte er auch nicht. Er sagte, er werde sie immer lieben. Bis zu seinem Tod. Sie ließ sich schnell scheiden. Sie sagte, dass er mit der Zeit alles verarbeiten und

vergessen werde. Er glaubte nicht daran. Und ich auch nicht. Er war ein gebrochener Mensch. Lächelte nicht mehr. Ging seiner Arbeit zwar noch nach, nur Freude hatte er keine mehr.

Wir sahen uns damals oft. Ich sprach mit ihm, bat meine Unterstützung an. Er lehnte ab. Versuchte ihn aufzumuntern. Und als das nicht funktionierte, versuchte ich ihn wenigstens abzulenken. Doch auch das war ohne Erfolg.
Mit der Zeit akzeptierte ich sein Verhalten. Wir blieben Freunde. Nur sah ich ihn seitdem nie mehr lächeln. Fragte, was er mache, oder ob er mal mit mir ausgehen wolle. Konnte ihm nicht helfen.
Er erzählte mir, dass er sie noch liebe und darauf hoffe, dass sie eines Tages zurück käme. Ihr Bild hing noch an der Wand. Er würde es auch nicht abnehmen, weil er sie noch liebe. Was ihn manchmal fast in den Wahnsinn trieb. Was sollte er denn tun? Wie

bekäme er sie nur zurück? Wo sie ihn doch nicht mehr liebte. Auch habe er die alten Briefe wieder herausgesucht. Er bewahrte sie neben seinem Bett in einer Schublade auf. Er las sie jeden Abend vor dem Schlafen. Und dazu hatte er noch jedes „Ich liebe Dich" dreifach unterstrichen.

Er erzählte mir auch, dass er viel weine, dass er sie vermisse. Er nicht mehr glücklich sei.

Ich wollte ihm helfen, doch konnte ich nichts tun. War ich doch an einem anderen Ort und hatte ich doch mein eigenes Leben. Aber wir telefonierten regelmäßig miteinander und sahen uns immer ein paar Mal im Jahr.

So lief es auch einige Jahre. Er war zwar nicht glücklich, aber er schien seine Arbeit nicht zu vernachlässigen und den Haushalt zu bewältigen. Zu seiner ehemaligen Familie hatte er kaum noch Kontakt. Seine Kinder sah er nur selten. Seine Ex-Frau nie.

Doch eines Tages besuchte er mich. Stand einfach vor meiner Tür und begrüßte mich mit einem Lächeln. Ich war überrascht, aber glücklich ihn endlich wieder mit Freude erfüllt zu sehen. Wir gingen Essen und er erzählte mir, dass er endlich aufgehört hatte sie zu lieben, über sie hinweg sei. Nicht mehr hoffe, dass sie zurück käme. Er frei von ihr sei. Er hatte sie zuvor kurz besucht und festgestellt, dass da nichts mehr war. Er sie wirklich nicht mehr liebte. Hatte er doch alle ihre Briefe verbrannt. Ich freute mich und wünsche ihm alles Gute für die Zukunft. Für eine neue Liebe und ein neues erfülltes Leben.

Am nächsten Tag reiste er wieder ab. Wir verabredeten uns für ein Wochenende im nächsten Monat. Wir wollten mal wieder zusammen etwas unternehmen.

Doch dazu kam es nicht.

Gestern rief mich seine Ex-Frau an. Sie habe einen Brief von ihm erhalten. Dort habe er ihr geschrieben, dass ihre gemeinsame Liebe hier keine Chance hätte. Und er aus diesem Grunde an einem besseren Ort auf sie warte.

Heute bekam ich Post. Ein Brief von ihm, indem er sich bedankte. Ich wäre ihm immer ein guter Freund gewesen.

Nächste Woche wird er beerdigt.